Währungs-Studien.

Währungs-Studien

mit besonderer Rücksicht

auf

Österreich-Ungarn.

Von

Ludwig Felix.

Leipzig,
Verlag von Duncker & Humblot.
1890.

Das Recht der Ueberseßung bleibt vorbehalten.

Inhaltsverzeichniß.

	Seite
Einleitung	7
1. Geschichtlicher Überblick über die österreichisch-ungarischen Währungsverhältnisse	8
2. Die nachtheiligen Folgen der Werthverringerung der Währung	12
3. Gold und Silber	18
4. Die Wiederherstellung der österreichisch-ungarischen Währung	33

Eines der schwierigsten und verwickeltesten Probleme, welches die Culturstaaten, in deren Geschicke es tief eingreift, seit der Mitte dieses Jahrhunderts unaufhörlich beschäftigt, ist das der Währung. Der Fortentwicklung der volkswirthschaftlichen Grundsätze, wichtigen Naturereignissen, sowie Eingriffen der Gesetzgebung ist es beizumessen, daß diese Frage seitdem so häufig in neue Phasen tritt. Die aus ihr erwachsenden Schwierigkeiten erklären es, daß wir auf diesem Gebiete einem allgemeinen Tasten und Schwanken, einem Wechsel der Ansicht selbst bei Fachmännern bedeutenden Rufes begegnen, und daß hier ein Einklang der Anschauungen selbst der hervorragendsten Autoritäten unter den Theoretikern wie unter den Praktikern noch immer nicht herbeigeführt worden ist, wiewohl die Vertiefung in den Gegenstand nothwendig zu der Überzeugung führt, daß die in Betracht kommenden Interessen der verschiedenen Nationen, von denen alle ausnahmslos dabei betheiligt sind, vollkommen übereinstimmen.

Eine ganz besondere Aufmerksamkeit wird der österreichisch-ungarischen Währungsfrage zugewandt, weil sie das darbietet, was die Pathologen einen interessanten Fall nennen. Wirthschaftliche Heilkünstler aus aller Herren Länder spenden unserem Vaterlande Rathschläge, welche zum überwiegend größten Theile Ein Universalmittel zum Inhalte haben. Ein kurzer geschichtlicher Überblick über die österreichisch-ungarischen Währungsverhältnisse dürfte deshalb zunächst am Platze sein.

1.

Der erste Keim zur Störung unseres Währungswesens ward bereits bei der Gründung der Nationalbank (1816) durch ihre Verquickung mit staatlichen Aufgaben gelegt, indem sie auch die Bestimmung erhielt, der Staatsverwaltung bei der Ordnung ihres durch die vorangegangenen Kriege erschütterten Creditwesens beizustehen, und ferner dadurch, daß ihre Noten von vornherein keine bankmäßige Deckung hatten, so daß lediglich das Zusammentreffen besonders glücklicher Umstände, namentlich der anhaltende Friede, sowie das Geheimniß, in welches ihre Lage gehüllt war, die Fortleistung ihrer Baarzahlungen bis zum Jahre 1848 ermöglichten[1]. Hinsichtlich der Metallbedeckung verfuhr man so willkürlich, daß ihr Verhältniß zum Banknotenumlaufe von 1 : 1,38 (19 214 658 fl. : 26 738 365 fl.) im Jahre 1818. auf 1 : 6,37 (17 565 422 fl. : 111 988 605 fl.) im Jahre 1830, 1 : 9,7 (12 781 745 fl. : 123 929 640 fl.) im Jahre 1831, und sogar auf 1 : 10,77 (15 513 549 fl. : 167 079 390 fl.) im Jahre 1840 herabsank[2]. Die Bank gerieth in immer größere Abhängigkeit vom Staate. Sie durfte nicht etwa zu ihrer Entschuldigung anführen, daß sie einem von der Staatsgewalt auf sie geübten unwiderstehlichen Drucke nachgab; vielmehr war sie es, die in der eingestandenen Absicht der Stei-

---

[1] Vgl. Adolph Wagner, die Herstellung der Nationalbank. Wien 1862. S. 37 ff.

[2] Wenn Theodor Hertzka (Währung und Handel, Wien 1876, S. 12) die Erscheinung, daß die Banknoten dessenungeachtet kein Disagio erlitten und sogar ein Aufgeld genossen, dem Umstande zuschreibt, daß „die Summe dieser Circulationsmittel, weit entfernt das Bedürfniß zu übersteigen, hinter demselben zurückblieb und daher auch der verschwindend geringe Metallschatz, da er eben gar nicht in Anspruch genommen wurde, für die Bedeckung vollkommen ausreichte", so ist das offenbar ein Irrthum. Nur der Unkenntniß der wahren Sachlage, von der nichts in die Öffentlichkeit drang, ist es beizumessen, daß das erwähnte Mißverhältniß ohne Störung fortbestehen konnte; bei Enthüllung des Bankstandes wäre ganz natürlich ein allgemeines Mißtrauen fühlbar geworden, und wenn die Bank nicht alsbald für eine genügende Metallbedeckung Sorge getragen hätte, so würde ihre im Jahre 1848 eingetretene Katastrophe schon früher unvermeidlich geworden sein.

gerung ihres Erträgnisses, den Staat zu einer engeren Verbindung ein=
lud. Allerdings trifft, wie Wagner richtig bemerkt, den Staat kein
geringerer Vorwurf als die pflichtvergessenen Leiter der Nationalbank,
indem er im eigenen Interesse sich niemals dazu hätte verleiten lassen
dürfen, die Bank in eine so unselbstständige Stellung zu bringen[1].

Infolge der bekannten Ereignisse des Jahres 1848 mußte am
12. Mai der Zwangscours angeordnet werden; zehn Tage darauf
wurden die Baarzahlungen der Bank auf 25 Gulden für die Person
eingeschränkt, am 31. Mai aber vollständig eingestellt, was ein überaus
schwankendes Disagio der Banknoten bewirkte.

Eine theilweise Wiederaufnahme der Baarzahlungen erfolgte vom
6. September bis zum 31. December 1858, eine uneingeschränkte vom
2. Januar bis zum 11. April 1859. Bereits vor dem 1. Januar
hatte das Silber in großen Summen abzuströmen begonnen. Der in
diesem Jahre ausgebrochene Krieg, der mit Hülfe der Nationalbank
unternommen wurde, nöthigte diese zur Vermehrung ihres Notenum=
laufes und zur abermaligen Einstellung ihrer Zahlungen.

Der auf Grund der Verfassung vom 26. Februar 1861 am
1. Mai 1861 eröffnete erste österreichische Reichsrath erklärte die Regelung
der Bankverhältnisse als eine seiner vornehmsten Aufgaben. Am
13. März 1862 legte der Finanzminister Herr v. Plener den Entwurf
einer Bankacte dem Abgeordnetenhause vor; wonach das Schuldver=
hältniß zwischen Bank und Staat geordnet und die Währung allmählich
wiederhergestellt werden sollte. Das Hauptentgelt für die bis Ende 1876
bewilligte Verlängerung des Privilegiums der Nationalbank sollte in
einem dem Staate zu überlassenden permanenten Darlehen von
80 Millionen Gulden bestehen. Unter den Einzelheiten der Bankacte
rief namentlich die Bestimmung, daß in der Regel nur ein Drittheil
des Notenumlaufes mit Silber zu bedecken sei, lebhaften Widerspruch
hervor, worauf die folgende Fassung vereinbart wurde:

„§ 13. Die österreichische Nationalbank ist verpflichtet, die von ihr
ausgegebenen Noten auf Verlangen der Inhaber . . . . . jederzeit
nach ihrem vollen Nennwerthe gegen gesetzliche Silbermünze ein=
zulösen . . . . .

§ 14. Die Bankdirection hat für ein solches Verhältniß des
Metallschatzes zur Notenemission Sorge zu tragen, welches geeignet
ist, die vollständige Erfüllung dieser Verpflichtung zu sichern. Es
muß jedoch jedenfalls jener Betrag, um welchen die Summe der

---

[1] Wagner a. a. O. S. 176.

umlaufenden Noten 200 Millionen übersteigt, in gesetzlicher Silbermünze oder Silberbarren vorhanden sein . . . . . ."

Die Regierung erklärte, daß die Staatsverwaltung sich ausdrücklich des Rechtes begeben werde, Staatspapiergeld mit Zwangscours in Umlauf zu setzen[1]. Noch im Jahre 1865, nachdem die Verfassung sistirt worden war, erklärte der Finanzminister Graf Larisch in einer Erläuterung zum Finanzgesetze für 1866:

„Eine Benutzung der Banknotenpresse zur Deckung von Staatsbedürfnissen ist durch unübersteigliche Schranken des Gesetzes und der Controle zur Unmöglichkeit geworden."

Allein diese Schranken wurden infolge des Krieges von 1866 durchbrochen. Zunächst ward am 19. April die Nationalbank von der Finanzverwaltung aufgefordert, die Banknoten zu einem und zu fünf Gulden sofort einzuziehen, um für eine Staatsnoten-Emission Raum zu schaffen. Am 5. Mai wurden die Banknoten dieser Höhe zu Staatsnoten erklärt, die Nationalbank ward verpflichtet, das Äquivalent in Banknoten höherer Abschnitte zu leisten, und die weitere Hinausgabe von Staatsnoten bis zum Maximalbetrage von 150 Millionen Gulden wurde in Aussicht gestellt. Durch das Gesetz vom 7. Juli 1866 ward angeordnet, die Nationalbank habe die dem Staate erforderlichen Geldmittel vorläufig bis zum Betrage von 60 Millionen Gulden vorzuschießen, welcher Vorschuß spätestens in einem Jahre nach abgeschlossenem Frieden zurückzuerstatten sei. Das Gesetz vom 25. August 1866 setzte eine weitere Staatsnoten-Ausgabe fest. Gegen alle diese Eingriffe in ihre Rechte legte die Nationalbank nachdrücklichst Verwahrung ein, welche aber die Noth wirkungslos verhallen ließ. Die Bankacte ward somit verletzt und eine neue Kategorie von Papiergeld geschaffen, welche, da ihr Zwangscours verliehen ward, im Verkehre gleiche Geltung mit Banknoten hatte.

Förmlich aufgehoben ward die Bankacte infolge der Krisis vom Jahre 1873, indem die Nationalbank vermittelst der kaiserlichen Verordnung vom 13. Mai ermächtigt ward, „statutengemäß Wechsel zu escomptiren oder Effecten statutengemäß zu belehnen, ohne hinsichtlich der dafür ausgegebenen Notensummen an den im Absatz 2 des § 14 der Bankstatuten festgesetzten Betrag gebunden zu sein". Somit ward die Nationalbank von der Verpflichtung enthoben, den Betrag, um welchen die umlaufenden Noten 200 Millionen Gulden überstiegen, in Silber zu bedecken.

---

[1] Joseph Neuwirth, Bankacte und Bankstreit in Österreich-Ungarn. Leipzig 1873. S. 45.

Im Jahre 1878 trat die merkwürdige Erscheinung zu Tage, daß die österreichische Währung einen höheren Cours erreichte, als den des entsprechenden Silberwerthes, daß also der Silber- oder Papiergulden im internationalen Verkehre mehr zu gelten anfing, als 11 1/9 Gramm Silber, weshalb österreichische Bankhäuser einen ansehnlichen Gewinn dadurch erzielten, daß sie Silberbarren von auswärts bezogen und in Wien daraus Guldenstücke prägen ließen. Um nun einem allzustarken Silberzuflusse vorzubeugen, hob die Regierung im März 1879 die Münzprägung für Private auf.

Nach dem Gesetze vom 21. Mai 1887 muß der Gesammtbetrag der umlaufenden Banknoten mindestens zu zwei Fünfteln durch Edelmetalle bedeckt sein. Übersteigt der Banknotenumlauf die Edelmetallbedeckung um mehr als 200 Millionen Gulden, so hat die Bank von dem Überschusse eine Steuer von 5% zu entrichten.

Durch das weitere Gesetz vom 21. Mai 1887 ward das Privilegium der österreichisch-ungarischen Bank (der früheren Nationalbank) bis zum 31. December 1897 verlängert und das dem Staate überlassene Anlehen von ursprünglich 80 Millionen Gulden für die Dauer des erweiterten Bankprivilegiums zinsenfrei prolongirt. Ferner ward bestimmt, daß der Antheil der beiden Staatsverwaltungen an den Reinerträgnissen der Bank sowie die Notensteuer zur Tilgung des Anlehens verwendet werden.

2.

Die bedeutsamste Folge der Werthverminderung der Reichswährung ist das Schwanken aller Werthverhältnisse, der Charakter des Zufälligen, Unberechenbaren, der dem Verkehre aufgeprägt wird, die Erziehung zum Spiele, welche die Bevölkerung erleidet. Die mehrfach geäußerte Anschauung, daß die Krisis des Jahres 1873 unmöglich so tief in alle Schichten der Gesellschaft würde haben eingreifen können, wenn nicht das Schwanken der Währung das Volk zum Spiele verleitet hätte, ist sicherlich begründet. Dem internationalen Verkehre insbesondere werden durch den Mangel einer festen Währungsgrundlage die erheblichsten Schwierigkeiten bereitet. Bei Beziehungen von Waaren aus dem Auslande laufen Kaufleute und Gewerbetreibende ein doppeltes Risico, das des Preises und das des Wechselcourses, und gerathen dadurch im Wettbewerbe auf dem Weltmarkte in offenbaren Nachtheil. Gerade der streng grundsätzlich vorgehende Kaufmann leidet oft am meisten. Dieser bezahlt die aus dem Auslande eingeführten Waaren in der Regel bei ihrer Beziehung. Sinken darauf die Wechselcourse, so erleidet er einen oft empfindlichen Verlust, während sein speculativer Nachbar, der später einen niedrigeren Wechselcours erhascht, ihn im Wettbewerbe besiegt. Die demoralisirenden Wirkungen solcher Verhältnisse zeigten sich namentlich in Rußland, wo die Valutaschwankungen ungleich bedeutender waren als in Österreich=Ungarn, in erhöhtem Maße. Bei Waarenbeziehungen aus dem Auslande bot die Ungunst der Wechselcourse überaus häufig eine willkommene Handhabe zur Hinausschiebung und sogar zur Einstellung der Zahlungen; auch war es daselbst, namentlich im Manufacturhandel, nichts Seltenes, daß der Käufer dem auswärtigen Verkäufer zumuthete, einen Theil des durch die Coursdifferenzen entstandenen Verlustes zu tragen,

Die wirthschaftlichen Verhältnisse werden durch eine minderwerthige Valuta auch insofern empfindlich gestört, als sich die Preise unmöglich der unaufhörlichen Wandlung der Wechselcourse alsbald anzupassen vermögen. Namentlich der Kleinhändler ist genöthigt, seine Preise höher als unter normalen Verhältnissen zu stellen, um gegen möglichen künftigen Verlust an der Valuta geschützt zu sein.

Eine weitere nachtheilige Folge gestörter Währungsverhältnisse ist die Gefahr, mit welcher die Heranziehung von Capital aus dem Auslande verbunden ist. Der Schuldner wird zum Hazardspieler, da er unmöglich vorher zu bestimmen vermag, welche Summe er anstatt der entlehnten in der eigenen Landeswährung zurückzuerstatten haben werde.

Von ungünstigstem Einflusse ist die Werthverringerung der Währung auf die Staatsfinanzen. Anleihen können nur zu weit nachtheiligern Bedingungen abgeschlossen werden, als es bei geregelter Valuta der Fall wäre. Bei Verzinsung in der Landeswährung versteht es sich, daß der Gläubiger im Zinsfuße eine Versicherungsprämie für Coursdifferenzen beansprucht; aber auch die in Metallwährung verzinslichen Anleihen von Staaten mit minderwerthiger Währung können nicht so günstig abgeschlossen werden, wie es bei geordneten Valutaverhältnissen möglich wäre[1].

---

[1] Wilhelm Lesigang (Conrads Jahrbücher für Nationalökonomie u. Statistik, 27. Band, Jena 1876) läugnet den Zusammenhang von Staatscredit und Disagio in Österreich, indem „die Zeitpunkte, in welchen Österreich am ärgsten erschüttert war und selbst in seiner Existenz gefährdet erschien, in welchen also auch sein Credit am tiefsten stehen mußte und diejenigen, in welchen das höchste Agio eintrat, nicht immer ganz dieselben sind, sondern daß das höchste Agio sich meistens später zeigte, als der Culminationspunkt der Krise". Er stützt sich dabei auf eine Tabelle, wonach das Durchschnittssilberagio im Jahre 1859 nur 20,62 % und im Jahre 1866 19,84 % war. Dr. Lesigang begeht hierbei einen doppelten Fehler. Einmal übersieht er, daß bei Schlüssen aus statistischen Angaben die verschiedenen, also auch die gleichzeitig in entgegengesetzter Weise thätigen Einflüsse in Betracht gezogen werden müssen. Ferner verkennt er, daß man zuweilen zu Fehlschlüssen gelangt, wenn man Durchschnittszahlen allein berücksichtigt. Betrachten wir einzelne Glieder aus den Durchschnittsziffern der erwähnten zwei Jahre, so gelangen wir zu ganz anderen Ergebnissen. Von Ende 1858 bis zum 8. Januar 1859 schwankte der Cours auf London zwischen 101,40 und 101,80; infolge von Gerüchten über Zerwürfnisse zwischen Österreich und Frankreich erhob er sich allmählich auf 115 bis 116 Mitte April. Auf die Nachricht der Übergabe des Ultimatums in Turin stieg er am 23. April auf 119; auf die Meldung der Vorbereitung zur Abreise des Herrn von Hübner aus Paris am 26. April auf 128; infolge der Proclamation des Königs Victor Emanuel am 28. April auf 134 bis 135; unter dem Eindrucke des kaiserlichen Manifestes am 30. April auf 136; während des Krieges im Mai und Juni auf 142 bis 146. Er sank auf die Nachricht vom Abschlusse eines Waffenstillstandes am 9. Juli auf 130 und infolge befestigter Friedenshoffnungen am 11. Juli auf 124 bis 123, auf welchem

Die aus der Werthverringerung der Währung erwachsenden Nachtheile, so bedeutend sie sind, werden nichtsdestoweniger von übereifrigen Anhängern der Goldwährung stark übertrieben[1].

---

ungefähren Standpunkte er sich in den Monaten September bis December erhielt. Ähnlich war der Verlauf im Jahre 1866. Vom Januar bis April schwankte der Wechselcours auf London zwischen 102 und 108. Anfangs Mai, als Telegramme aus Berlin und Florenz meldeten, daß man im Begriffe sei, in die Action zu treten, hob er sich plötzlich bis auf 120, erreichte Mitte Mai 132, sank auf Congreßgerüchte am 24. Mai bis auf 124, erhob sich, als die Hoffnungen auf Wirksamkeit des Congresses sanken, am 4. Juni auf 129; erreichte am 16. Juni 142, fiel am 6. Juli auf 130 bis 128 und am 23. Juli auf die Nachricht von eingetretener Waffenruhe auf 129 bis 127, auf welcher Höhe er sich infolge der Nachwirkungen der Staatsnoten-Ausgabe bis gegen Ende des Jahres erhielt. Dem gegenüber sagen die Durchschnittscourse gar nichts.

[1] So z. B. behauptet Hertzka (a. a. O. S. 23), daß die Länder mit Papiervaluta nicht nur infolge dieser Unregelmäßigkeit selbst leiden, sondern auch noch außerdem alle anderen Länder des Erdballes schädigen. Er schreibt: „Dadurch nämlich, daß das betreffende Land die Edelmetalle bei sich zu Hause demonetisirt, und um deren Betrag den Edelmetallwerth der gesammten übrigen Welt vermehrt, verringert sich der Werth der gesammten früher vorhandenen Circulationsmittel genau um den nämlichen Betrag, indem die vermehrte Circulationsmenge insgesammt keine höhere Tausch- und Kaufkraft besitzt, als die frühere geringere. Der Vermögenszuwachs des Papiergeldlandes geht somit nicht im Wege einer Neuschöpfung, sondern im Wege der Beraubung aller andern Verkehrsgebiete vor sich." Nach dieser Theorie müßte man alle Bergwerke, welche Edelmetalle zu Tage fördern, zum Wohle der Menschheit außer Thätigkeit setzen, da sie den Edelmetallwerth der gesammten Welt vermehren, den Werth der sämmtlichen früher vorhanden gewesenen Circulationsmittel verringern und somit alle fremden Verkehrsgebiete berauben. Herr Hertzka übersieht, daß die Verbreitung des Metalles nicht erfolgen kann, ohne den Kreisen, welche es aufnehmen, lohnende Thätigkeit zu verschaffen: der Metallzufluß tritt also in dem einen wie in dem andern Falle einer ganz veränderten Güterwelt gegenüber. Aber nach Herrn Hertzka wird auch das Metallgeld der Länder mit Papierwährung mit dem Fluche der Werthverringerung behaftet. „Es ist nämlich ein gewaltiger Irrthum, wenn man etwa glaubt, daß die im Course angegebene Devaluirung der Geldzeichen eines Landes das Verhältniß dieses Geldwerthes zum Geldwerthe auf dem Weltmarkte ausdrückt. In diesem Coursverluste spiegelt sich bloß die Differenz im Werthe des Metallgeldes und des Papiergeldes in den betreffenden Ländern der Valuta selbst ab, und es besteht noch eine fernere Differenz zwischen dem Werthe des Metallgeldes im Papierlande und zwischen dem Werthe des Metallgeldes auf dem Weltmarkte. Die Zettelemission vermehrt in derselben Weise, wie eine durch irgend welchen Umstand herbeigeführte Anschwellung des Edelmetallvorrathes, das im Lande verfügbare Circulationsquantum, und da eine solche Vermehrung bei gleich bleibenden Bedürfnissen mit einer Verringerung der Kaufkraft aller Geldzeichen Hand in Hand gehen muß, so sinkt um den entsprechenden Betrag nicht bloß die Kaufkraft des Papiergeldes, sondern auch die des vorhandenen Metallgeldes"

Die aus solcher Veranlassung wirklich eintretenden Nachtheile werden übrigens seit etwa einem Jahrzehnte in Österreich=Ungarn dadurch gemildert, daß die Wechselcourse nur vergleichsweise geringen Schwankungen unterworfen sind.

Diesen Schattenseiten wird häufig die Begünstigung entgegengehalten, welche die Landwirthschaft wie die Industrie durch eine minder-

---

(a. a. O. S. 125—126). Herr Hertzka vergißt, daß die Abströmung einzig und allein aus dem Grunde erfolgt, weil das Metallgeld in dem Lande, in welchem das Papiergeld ein Disagio erleidet, den Charakter des Geldzeichens verloren hat und Waare geworden ist, so daß es den Circulationsmitteln nicht beigezählt werden kann; seine Kaufkraft daselbst ist also gebunden, nicht aber gesunken. — Ferner hat nach Herrn Hertzka jeder Kaufmann des Landes mit minderwerthiger Währung im Verkehr mit dem Auslande eine Art Strafgeld zu bezahlen. „Diese an das Ausland zu entrichtende Prämie hat einen doppelten Ursprung. Vor allem muß eine Wechslergebühr entrichtet werden zu dem Zwecke, um das Geld des fraglichen, mit isolirter Währung behafteten Landes gegen Weltgeld umzusetzen. Zwischen Ländern mit gleicher Währung ist eine solche Umwechselung überflüssig; sie vollzieht sich ganz von selbst im Verhältniß des Feingehaltes der beiderseitigen Münzsorten. Der Engländer, der in Frankreich Waaren kauft und dieselben in Sovereigns bezahlt, berechnet ganz einfach, wieviel Goldfranken dem Gewichte nach auf seinen Sovereign gehen... Das Nämliche ist der Fall, wenn er in Frankreich verkauft... Anders im Verkehre zwischen einem Gold= und einem Silberlande. Wenn der Österreicher in England Waaren um Werthpapiere verkauft, so erhält er nicht Geld, sondern eine Waare, deren Umrechnung in österreichische Währung keine so einfache Sache ist, die vielmehr erst verkauft werden muß, um zu österreichischem Gelde zu werden; ebenso kann der Österreicher, wenn er in England Waaren kaufen will, dort nicht mit seinem Gelde zahlen...." (Hertzka, Das Wesen des Geldes. Leipzig 1887. S. 32—33). Aber in Wirklichkeit nehmen die Dinge einen ganz andern Verlauf. Nur im Verkehre mit einzelnen der Cultur entrückten Gegenden des Orients bedient man sich regelmäßig der Goldsendungen; sonst pflegen internationale Transactionen in Edelmetallen auf Ausgleichung der Zahlungsbilanzen beschränkt zu werden. Der Engländer, der in Frankreich, der Franzose, der in England, und der Österreicher, der in England kauft oder verkauft, verfahren auf vollkommen gleiche Weise: sie zahlen in Wechseln oder werden in Wechseln bezahlt, und die Umrechnung eines Wechsels auf London in österreichische Währung ist für den österreichischen Kaufmann eine ganz genau ebenso einfache Sache, wie es die Umrechnung desselben Wechsels für den französischen Kaufmann in Franken ist. Es besteht nicht nur zwischen dem Silbergulden und dem Sovereign, sondern auch zwischen dem Zwanzigfrankenstücke und dem Sovereign kein fixes Werthverhältniß, so daß, infolge der Veränderlichkeit zwischen Angebot und Nachfrage, auch bei internationalen Zahlungen zwischen zwei Goldwährungsländern die Berechnung auf Grund des Gewichtes keine genaue wäre; das Schwanken zwischen dem Werthe von Gold= und Silbermünzen und das zwischen Goldmünzen verschiedener Länder unterscheidet sich nur dem Grade nach von einander.

werthige Valuta, namentlich da, wo ein hohes Disagio besteht, erfahren, da die Landwirthe dadurch in den Stand gesetzt werden, ihre Erzeugnisse im Auslande vortheilhafter abzusetzen, während der Wettbewerb der auswärtigen Industriellen erschwert wird, so daß das Disagio in dem einen Falle einer Exportprämie, in dem andern einem Schutzzolle gleich käme. Da aber der Verkehr unablässig die Wirkung hervorbringt, die Preise an den großen Weltmärkten mit einander in Gleichgewicht zu setzen, so kann es an diesen, wenigstens in Naturproducten, nur vorübergehend größere Preisunterschiede geben. Es ist also nicht sowohl die Werthverminderung, als vielmehr das Schwanken der Währung, aus welchem in der angedeuteten Weise Vortheil gezogen wird. Abgesehen davon, daß es sehr mißlich ist, wenn einzelne Bevölkerungsclassen ihr Heil in einem das Gemeinwesen bedrückenden Zustande suchen, läßt sich nicht verkennen, daß die erwähnte „Begünstigung" in Ermangelung ihrer Stetigkeit zuweilen schlimme Gegenwirkungen hervorbringt. Wenn der Landwirth bei hohem Disagio seinen Getreidebau ausdehnt, zu diesem Ende kostspielige Bauten und Anschaffungen unternimmt, wenn der Industrielle unter ähnlichen Umständen seinen Fabrikbetrieb erweitert, und wenn dann die Währungsverhältnisse sich bessern, so tritt ein Rückschlag ein, der um so empfindlicher wirkt, wenn zum Behufe der Ausdehnung der Production Credit in Anspruch genommen worden war. In Rußland, wo bekanntlich hohe Schutzzölle bestehen, bereichert ein erhebliches Disagio durch Fernhaltung der auswärtigen Concurrenz — wofern sich nicht im Inlande ein starker Wettbewerb entwickelt — die ohnehin so bevorzugten Fabrikanten auf Kosten der übrigen Bevölkerung.

Daß von dem Umfange solcher Begünstigungen selbst ausgezeichnete Fachmänner sich übertriebene Vorstellungen zu machen vermögen, bezeugt ein von dem ehemaligen italienischen Finanzminister Magliani verfaßter, übrigens sehr interessanter Aufsatz, worin es heißt: „Aus Auskünften des indischen Beamten Sir Louis Mallet und aus den Studien der englischen Commission für die Währungsfrage geht hervor, daß ungeachtet der fortschreitenden Abnahme des kaufmännischen Silberwerthes die Preise in Indien fast unverändert geblieben sind. In den europäischen Münzen erhält man für 16 Pence Silber (?) eine Rupie, welche die rechtmäßige Kaufkraft (la legale potenza di acquisto) von 22 Pence in Indien hat: der indische Exporteur von Getreide gewinnt in Europa durch den Valuta-Unterschied die 27 % dieser Prämie und kann auf diese Weise eine unbesiegbare Herrschaft über die Preise ausüben (puo esercitare una irresistibile concorrenza su' prezzi)."[1] Auf den ersten Blick erkennt man, daß hier ein Mißverständniß obwaltet. Der Parlamentsbericht, auf welchen Herr Magliani sich beruft, spricht allerdings an einzelnen Stellen (denen andere entgegengesetzt lautende gegenüberstehen) von einer übrigens den Thatsachen widersprechenden Stabilität der in Silber ausgedrückten Preise in Indien, ohne aber daraus die Folgerungen abzuleiten, zu denen Herr Magliani irrigerweise gelangt, wie es u A. aus der folgenden Stelle hervorgeht: „... The Indian producer therefore, so long as he can get the same silver price for his produce as before, remains in as favourable a position, and he is forced by competition to accept the same silver price, as before the gold price of silver fell; but the same quantity of silver can, after the fall, be obtained for a less quantity of gold. The maintenance of the silver price is therefore equivalent to a lowering of the gold price ...."[2] Und so ist es in der That. Es ist nicht möglich, daß der in Silber geltende Getreidepreis in Indien dauernd unverändert bleibt, ohne daß eine der Werthverminderung des Silbers entsprechende Ermäßigung des in Gold lautenden Preises in England eintritt.

Hin und wieder verlautet, daß die ungarischen Landwirthe durch die Wiederherstellung der Valuta in ihren Interessen verletzt zu werden befürchten, weil sie die Exportprämie, welche das Disagio für sie bilde, dann zu verlieren meinen. Da aber, wie wir bereits andeuteten, unsere Valuta im internationalen Verkehre bedeutend — gegenwärtig etwa 15% — besser steht, als es ihrem Silbergehalte entspräche, so erscheint schon deshalb eine solche Befürchtung als durchaus unbegründet.

---

[1] A. Magliani, L'unione monetaria latina in der Nuova Antologia vom 16. October 1889.
[2] Final Report of the Royal Commission appointed to inquire into the recent changes in the relative values of the precious metals. London 1888. S. 32.

3.

Klarer könnte der ungeheure Aufschwung des Verkehrs seit der Mitte dieses Jahrhunderts kaum veranschaulicht werden, als durch die Thatsache, daß in den 38 Jahren von 1851—1888 um etwa die Hälfte mehr Gold producirt wurde als in den vorangegangenen 358 Jahren, während die gleichzeitige Silberproduction nahezu zwei Fünftel der der erwähnten dreieinhalb Jahrhunderte erreichte, und daß diese riesige Zunahme erst dann eine merkliche Störung verursachte, als eine theilweise Demonetisation des Silbers erfolgte. Es belief sich nämlich die gesammte Edelmetallproduction, welche vom Ende des 15. Jahrhunderts bis zur Epoche der Ausbeutung der californischen und australischen Goldbergwerke, das ist von 1493—1850, nach annähernden Schätzungen:
13 258,2 Millionen Mark Gold und 29 433,8 Millionen Mark Silber betragen hatte, von da bis zum Jahre 1888 auf:
19 584,7 Millionen Mark Gold und 11 401,6 Millionen Mark Silber[1].

Der Münzvorrath in Europa und Amerika ward Ende 1885 auf:
 13 364 Millionen Mark Gold und 7843 Millionen Mark Silber,
also etwa 63% Gold und 37% Silber, geschätzt[2]. Die ungeheuern Edelmetall=Vorräthe in Ostasien, welche durch die daselbst noch immer bestehende große Abneigung gegen verzinsliche Anlagen erklärt werden, entziehen sich der Schätzung.

Das Werthverhältniß des Silbers zum Golde war von 1661 bis 1875 ein ziemlich gleichmäßiges, indem es von 1 : 14,64 bis 1 : 15,97 schwankte. In neuerer Zeit war das bedeutsamste dieses Verhältniß

---

[1] Ad. Soetbeer, Materialien zur Erläuterung und Beurtheilung der wirthschaftlichen Edelmetallverhältnisse. 2. Auflage. Berlin 1886, S. 3. — Soetbeer, „Neue freie Presse" vom 5. September 1889.

[2] Soetbeer, Materialien, S. 77.

regelnde Gesetz das für Frankreich am 30. October 1785 erlassene und 1803 bestätigte, wonach aus dem Kilogramm Silber 200 Franken und aus dem Kilogramm Gold 3100 Franken geprägt werden sollten, so daß das Verhältniß von 1 : 15½ festgesetzt wurde. Seit 1803 bestand daselbst die Doppelwährung, da Jedermann berechtigt war, Gold und Silber in dem erwähnten Werthverhältnisse ausprägen zu lassen. Hauptsächlich infolge der großen Ergiebigkeit der mexicanischen Silber= minen, bei abnehmendem Ertrage der brasilianischen Goldminen, erhöhte sich seitdem der Werth des Goldes, so daß die Ziffer 15½ über= schritten ward.

Die meisten übrigen Staaten bedienten sich, da Silber dem Ge= sammtwerthe und der Production nach überwog, der Silberwährung, und das Gold ward höchstens nach einem bestimmten Verhältnisse daneben tarifirt, so daß die Goldmünzen den Werth eines bestimmten Silberquantums darstellten. Nach wiederhergestelltem Frieden (1816) ging England zur Goldwährung über. Das Verhältniß der beiden Edelmetalle schwankte von da bis gegen 1850 zwischen 1 : 15,62 und 1 : 15,95.

Im Anfange der fünfziger Jahre änderte sich infolge der Aus= beutung der californischen und australischen Goldbergwerke das Ver= hältniß der beiden Metalle: der Werth des Goldes fiel, und damit sank die erwähnte Norm unter 15½. Michel Chevalier gab der lebhaften Besorgniß Ausdruck, daß das Gold einer weiteren Werthverringerung entgegengehe. Diese Besorgniß ward in immer weiteren Kreisen fühlbar, und das Silber strömte ab, was mehrere Staaten zur theilweisen oder vollständigen Demonetisirung des Goldes veranlaßte: Holland war schon infolge eines 1847 gefaßten Beschlusses zur reinen Silberwährung über= gegangen; Belgien stellte im December 1850 die Goldprägungen ein und setzte 1854 die Goldmünzen außer Cours; Spanien schloß 1851 fremde Goldmünzen vom Verkehre aus und stellte die Prägung der eigenen Goldmünzen ein; auch Neapel ging 1854 zur reinen Silber= währung über, während Rußland die Silberausfuhr verbot. Seit 1854 verhandelten die deutschen Staaten über eine gemeinsame Regelung ihres Münzwesens. Österreich schlug die Goldwährung vor, welche aber aus Furcht vor dem Sinken des Goldwerthes abgelehnt ward, und so beruht der Wiener Münzvertrag vom 24. Januar 1857 auf der Silber= währung. Seine Auflösung war eine Folge des deutsch=österreichischen Krieges. Ferner ward zwischen den Frankenländern die Idee einer Münzeinheit angeregt und im Jahre 1865 auf Grundlage des Münz= gesetzes von 1803 zwischen Frankreich, Belgien, der Schweiz und

Italien verwirklicht, denen sich später Griechenland zugesellte, welches aber seitdem wieder zurückgetreten ist. Im Jahre 1885 ist die Fortdauer der lateinischen Münzunion bis zum 1. Januar 1891 vereinbart worden.

Deutschland ist im December 1871 von der reinen Silberwährung — in Bremen allein hatte die Goldwährung gegolten — zur Goldwährung übergegangen. Im Jahre 1872 wurde das reiche Ergebniß der Silberminen von Nevada bekannt. Nun trat der entgegengesetzte Vorgang von dem im Anfange der fünfziger Jahre wahrgenommenen zu Tage: alle Welt bannte, dem Beispiele Deutschlands folgend, das Silber. Durch die am 18. December 1872 zwischen Dänemark, Schweden und Norwegen abgeschlossene Münzconvention wurde in den standinavischen Reichen die Silberwährung durch die Goldwährung ersetzt; Spanien stellte seine Silberprägungen ein; Ende 1873 faßte die lateinische Münzunion den Beschluß, die freie Silberausprägung vom 1. Januar 1874 an zu suspendiren. Im Jahre 1875 begannen die Silberverkäufe für deutsche Rechnung; der Preis des Silbers sank allmählich so sehr, daß die deutsche Regierung sich im Mai 1879 veranlaßt fand, die weiteren Verkäufe einzustellen, welche seitdem nicht wieder aufgenommen worden sind. Schon vorher (28. Februar 1878) war in den Vereinigten Staaten, um einem weiteren Sinken des Silbers vorzubeugen, die Bland Bill angenommen worden, wodurch der Staat, dem die Silberausprägung allein vorbehalten ward, allmonatlich mindestens 2 Millionen und höchstens 4 Millionen Dollars Silber ausprägen zu lassen verpflichtet wird.

Während sonst, sobald von verschiedenen ein und dasselbe Bedürfniß befriedigenden Mitteln eines selten und daher theurer wird, der überwiegend größte Theil der Menschheit zu dem reichlicher vorhandenen greift, gewahren wir auf dem Währungsgebiete das Gegentheil: als man in den fünfziger Jahren einen übermäßig starken Goldzufluß befürchtete, fing man an, das Silber zu bevorzugen; als etwa zwanzig Jahre später eine ähnliche Befürchtung bezüglich des Silbers erfolgte, machte sich ein allgemeines Verlangen nach Gold zum Behufe der Währungszwecke fühlbar, wobei allerdings die vor dem Bekanntwerden des Silberreichthums im Westen der Vereinigten Staaten eingeschlagene deutsche Münzpolitik vornehmlich maßgebend war. In beiden Fällen zeigte es sich, daß die Beängstigung wegen der Überfülle bald des einen, bald des andern Edelmetalls durchaus unbegründet war; man übersah, daß mit der Ausdehnung der Cultur eine reichere Menge von Edelmetallen unabweisliches Bedürfniß wird. Nur Wenige sahen klar.

Als vor nahezu vierzig Jahren die Furcht vor Goldüberströmung sich der Gemüther bemächtigte, befürworteten einzelne hervorragende Männer gerade wegen der vermehrten Goldproduction die Goldwährung. Faucher bezeichnete die Befürchtung der Werthverminderung des Goldes als unbegründet; Levasseur sprach die Ansicht aus, daß durch die Zunahme der Goldproduction die Goldwährung begünstigt werden müsse[1]. Geradezu divinatorisch äußerte sich in dieser Hinsicht Lorenz von Stein. Als alleiniges Hülfsmittel gegen die befürchtete Werthverringerung des Goldes erschien ihm die Einführung der auch aus anderen Gründen von ihm bevorzugten Goldwährung, welche den Goldwerth wieder erhöhen müsse, und lediglich die Betrachtung, daß der vorhandene Goldvorrath und die voraussichtliche künftige Goldproduction dem alsdann gesteigerten Bedarfe nicht genügen könnten, flößt ihm ernste Bedenken ein. Und so erklärt er denn die ausschließliche Goldwährung als unmöglich[2].

Die Naturereignisse, welche eine solche Wandlung der Anschauungen hervorriefen, waren in einem verhältnißmäßig so kurzen Zeitraume auf einander gefolgt, und die Maßregeln, welche ihnen entsprangen, oder zu denen sie mitwirkten, tragen dergestalt den Charakter des Unfertigen und Provisorischen, daß die öffentliche Meinung noch nicht zur Klarheit hierüber zu gelangen vermochte. Und dies um so weniger, als die Parteileidenschaft sich der Angelegenheit bemächtigte. Infolge der zunächst durch den Übergang Deutschlands zur Goldwährung eingetretenen starken Werthverminderung des Silbers, welche allen Staaten empfindlichen Verlust bereitet, sahen sich angesehene Theoretiker wie Praktiker veranlaßt, die allgemeine Annahme der Doppelwährung zu empfehlen, mit welchem Vorschlage wir uns nun zu beschäftigen haben werden.

Daß die Anwendung Eines allgemeinen Tauschmittels rationeller wäre, als die zweier Werthmesser, und daß für einen derselben bei den Cultur- und Verkehrsverhältnissen der Gegenwart Gold vorzuziehen sein würde, erscheint uns als zweifellos. Allein die große Frage ist die, ob der allgemeine Übergang zur Goldwährung, welcher (etwa mit Ausnahme Skandinaviens) von keinem der Staaten, die sich seit dem Anfange der siebziger Jahre im Principe dafür aussprachen, bisher vollends verwirklicht werden konnte, im Bereiche der Möglichkeit liege. Prüfen wir nun zunächst die Münzverhältnisse dieser Staaten.

---

[1] Vgl. W. Lexis, Kritische Erörterungen über die Währungsfrage. In Schmoller's Jahrbuch 1881.
[2] Die Goldwährung als Grundlage deutscher Münzeinheit. Deutsche Vierteljahrsschrift. 3. Heft. 1853.

Soetbeer[1] schätzt den Münzvorrath Ende 1885 in

Deutschland . auf 1744 Mill. Mark Gold u. 892 Mill. Mark Silber
den Ländern der
lat. Münzunion = 4195 = = = = 3200 = = =
den Niederlanden = 80 = = = = 269 = = =

zusammen 6019 Mill. Mark Gold u. 4361 Mill. Mark Silber
ohne Scheidemünze, d. i. etwa 58% Gold und 42% Silber, welche
letztere Quote noch größer bemessen werden müßte, wenn die Scheide=
münze mit in Anschlag käme. Da nun in den genannten Ländern mit
„hinkender" Goldwährung (étalon boiteux) das vorhandene Silber
(welches ungeachtet des Preisfalles dieses Metalls seinen vollen Nennwerth
beibehielt) den Charakter eines Creditgeldes hat, so circuliren gegenwärtig
in den verzeichneten Staaten neben 6019 Millionen Mark Gold 4361
Millionen solchen Creditgeldes, welche thatsächlich um mehr als 25%
überwerthet werden. Ähnlich verhält es sich in den Vereinigten Staaten
mit 2464 Millionen Mark Gold und 1292 Millionen Mark Silber,
wo im inländischen Verkehre kein Werthunterschied zwischen dem Silber=
und dem Golddollar stattfindet, wiewohl der erstere noch nach dem
Verhältnisse von 1 : 16 ausgeprägt worden, und also etwa 28 Cents
weniger werth ist als der Golddollar. Das ist nun doch gewiß kein
gesunder und dauernd haltbarer Zustand. Man ist also keineswegs
vor die Alternative der Goldwährung und der Doppelwährung gestellt,
sondern vor die der thatsächlich bestehenden beschränkten Doppelwährung
mit einer unerhörten Überwerthung des Silbers (hinkende Goldwährung)
und der Doppelwährung, wie sie in Frankreich bis Ende 1873 bestanden
hat. Der Haupteinwand, welcher, neben dem der Mangelhaftigkeit eines
doppelten Werthmessers, gegen die Doppelwährung vorgebracht wird,
daß sie ein unnatürliches Werthverhältniß zwischen den beiden Edel=
metallen festsetze, müßte ja auch gegen den gegenwärtigen Zustand
erhoben werden. Und die Summe des circulirenden Silbers in den
Ländern mit hinkender Goldwährung ist so bedeutend, daß bei Ein=
führung der wirklichen Goldwährung an einen Ersatz des überschüssigen
Silbers durch Gold in absehbarer Zeit gar nicht zu denken sein
dürfte[2], zumal das Verhältniß des Goldumlaufs zum Silberumlaufe gerade

---

[1] Materialien S. 77.

[2] Dies wird klar durch Veranschaulichung der Vertheilung der nach annähernder Schätzung in Europa und Amerika vorhandenen 13,3 Milliarden Gold:

in dem Reiche, welches den größten Edelmetallvorrath besitzt, Frankreich, (4400 Millionen Franken Gold und 3400 Millionen Franken Silber ohne Scheidemünze) 56% zu 44% ist; in den Niederlanden ist sogar der Silberumlauf beträchtlich umfangreicher als der Goldumlauf; man kann also da doch nur von nomineller, nicht von wirklicher Goldwährung sprechen. Daß ein solcher Zustand die größten Gefahren in sich birgt, daß nicht nur in ernsten Krisen, sondern schon bei ungünstigen Handels=bilanzen bedenkliche Schwierigkeiten hieraus erwachsen müssen, erkennt selbst Soetbeer, die bedeutendste die Goldwährung begünstigende Autorität auf dem Münzgebiete, rückhaltlos an[1].

Die Bedenken gegen die einseitige Goldwährung müssen durch die Betrachtung gesteigert werden, daß die Verwendung des Goldes zu Schmuckgegenständen und andern technischen Zwecken einen sehr be=deutenden Theil der jährlichen Production in Anspruch nimmt, welchen Soetbeer gegenwärtig für Europa und die Vereinigten Staaten allein auf rund 90 000 Kilogramm schätzt, das wäre über 55% der Gesammt=production, welche für 1887—88 auf 160 000 Kilogramm veranschlagt wird. Dieser Verbrauch ist jedoch nicht nur in den europäischen und amerikanischen Culturländern, sondern auch in Ostasien im Zunehmen begriffen. Was von Indien zu solchem Behufe verwendet wird, soll geradezu unglaublich sein, da das Gold eine magische Anziehungskraft auf die Hindus ausübt, welche Goldmünzen zu Schmuckgegenständen verwenden und zu diesem Ende sehr häufig Silbermünzen in Gold umtauschen. Auch wird noch immer sehr viel thesaurirt. Die von Fürsten und reichen Privaten angesammelten Schätze bestehen größten=theils in Gold: so hatte der letzte Maharajah von Burdwan sein Ver=

Großbritannien	2220	Millionen Mark
Britische Colonien (ohne Indien)	680	= =
Österreich=Ungarn	160	= =
Skandinavische Länder	115	= =
Rußland	770	= =
Sonstige Länder in Europa u. Amerika	936	= =
	4881	= =
Dazu die früher verzeichneten Goldbestände Deutschlands, der Länder der lat. Münz=union u. der Niederlande	6019	= =
Der Vereinigten Staaten	2464	= =
	13 364	Millionen Mark.

(Soetbeer, Materialien, S. 77.)

[1] Vgl. Soetbeer, Die hauptsächlichsten Probleme der Währungsfrage in Conrads Jahrbücher, N. F. Bd. I. Jena 1880.

mögen im Betrage von 20 Millionen Rupien in Goldmünze angehäuft[1]. Rechnet man hinzu den unvermeidlichen Entgang durch Abnutzung der Goldmünzen, und erwägt man, daß mit der Zunahme der Bevölkerung sowie mit der Ausdehnung der Cultur und dem allmählichen Übergange uncultivirter Völker von der Natural= zur Geldwirthschaft immer erheblichere Goldmengen erfordert werden, so wird man es begreiflich finden, daß, wenn die Goldproduction — welche in den letzten Jahren, über welche wir Ausweise besitzen, etwas gesunken ist[2], — nicht zu= nimmt, das vorhandene Gold noch ungenügender, als es schon gegen= wärtig ist, werden würde. Die neuesten Goldfunde in Transvaal und einigen anderen Districten von Südafrika sind nach Soetbeer[3] nicht von Erheblichkeit: die gesammte Goldausfuhr in den Jahren 1871—87 belief sich auf 6450 Kilogramm im Werthe von 877 568 Pfund Sterling. Wichtiger ist die Ausdehnung der Goldgewinnung im chine= sischen Amurlande, von der es jedoch fraglich erscheint, ob sie nachhaltig sein werde.

Die zukünftige Gestaltung des Verhältnisses der Ausbeutung der beiden Edelmetalle zu einander ist uns verborgen; man muß aber in dieser hochwichtigen Angelegenheit alle Eventualitäten in Berücksichtigung ziehen. Es ist das unbestrittene Verdienst von Eduard Sueß, die geologischen Gründe, welche sich neben den wirthschaftlichen für die Doppelwährung geltend machen, zur allgemeinen Kenntniß gebracht zu haben. Die einseitigen Anhänger der Goldwährung, welche die Ergeb= nisse der Forschungen dieses Gelehrten nicht unbeachtet lassen können, suchen ihr Gewicht dadurch abzuschwächen, daß sie sich ausschließlich an die Bemerkung halten, daß der unausweichliche Zeitpunkt, in welchem die Goldproduction sich dauernd und in außerordentlichem Maße ver= mindern, und in welchem dieses Metall bei fortwährend zunehmender Seltenheit nicht mehr im Stande sein werde, seine bisherige wirth= schaftliche Stellung zu behaupten, voraussichtlich nach wenigen Jahr=

---

[1] A. a. O. und Materialien, S. 43—44.
[2] Die gesammte Goldproduction betrug in Millionen Mark:

1876 : 463,027	1883 : 403,289
1877 : 500,660	1884 : 407,760
1878 : 518,522	1885 : 431,000
1879 : 466,797	1886 : 450,000
1880 : 456,218	1887 : 446,700
1881 : 443,241	1888 : 446,500
1882 : 414,257	

(Soetbeer, Materialien, S. 3 und „Neue freie Presse" vom 4. September 1889).
[3] „Neue freie Presse" vom 4. September 1889.

hunderten eintreten dürfte. Daran wird nun die beschwichtigende Äußerung geknüpft, daß das, was in einem so entfernten Zeitpunkte geschehen werde, das zeitgenössische Geschlecht in seinen Maßnahmen nicht zu beirren vermöge. Aber abgesehen davon, daß bei solcher Folgerung offenbar die Worte dauernd und in außerordentlichem Maße übersehen wurden, schöpfen wir aus dem Buche von Sueß eine andere, von den Gegnern der Doppelwährung unbeachtet gebliebene wichtige Lehre. Es wird darin aufs überzeugendste nachgewiesen, daß, gegenüber der Stetigkeit der Gewinnung des Silbers, die des Goldes eine überaus unbeständige, vergängliche ist. Dies geht zunächst aus dem Alter und Umfange des mexicanischen Bergbaues hervor, der seit drei Jahrhunderten mehr Edelmetall liefert, als der irgend eines andern Landes und dessen Silberausbeute noch immer zu den reichsten gehört, während die Goldproduction nur noch unbedeutend ist. Die frühere reiche Goldproduction Europas ist mit Ausnahme der des vulcanischen Districtes der Karpathen nahezu erschöpft; der Ertrag der Wäschen in Jenisei ist in fortdauernder Abnahme. Dasselbe gilt von Californien, Australien, Brasilien, Westindien und den östlichen Vereinigten Staaten[1]. Und da bei einem allgemeinen Tauschmittel eine gewisse Stetigkeit der Stoffgewinnung nicht zu missen ist, so geht auch schon hieraus die Nothwendigkeit des Vorhandenseins des Silbers neben dem Golde hervor. Daß jenes gegenüber diesem auch insofern das conservative Element darstelle, als bei der kleinern Masse des Goldes jede Veränderung weit leichter eine Werthschwankung herbeiführe, als bei der größern Masse des Silbers, hat auch Stein[2] erkannt. Schon vorher (1845) hatte sich die Niederländische Bank wegen der geringern Stabilität des Goldwerthes gegen die Goldwährung ausgesprochen.

Dem Einwande, daß eine Überproduction des Silbers Gefahren im Gefolge haben könne, begegnet Sueß mit Recht durch die Hinweisung darauf, daß die Vermehrung des Consums diese Gefahren abwende. Also auch unter diesem Gesichtspunkte muß die Demonetisirung des Silbers unangemessen erscheinen.

Wenn nun gar die Gewinnung von Gold schon in absehbarer Zeit abnähme, welche Katastrophen müßten sich dann ergeben, Katastrophen, denen durch den Übergang von der verhüllten oder vielmehr von der uneingestandenen zur offenen Doppelwährung vollends vor-

---

[1] Sueß, Die Zukunft des Goldes. Wien 1877. S. 161. 232. 272. 277. 324.
[2] Lorenz v. Stein, a. a. O. S. 116.

gebeugt werden würde. Man wende nicht etwa ein, daß eventuell ein unheilvoller allgemeiner Preisrückgang durch Papiergeld=Ausgabe verhindert werden könnte; denn die Zustände, welche Papiergeld ohne genügende metallische Unterlage herbeiführt, hat die vierzigjährige, bezw. dreißigjährige Leidensgeschichte Österreich=Ungarns und Rußlands offenbart.

Während der Goldverbrauch so bedeutend zunimmt, hat sich die Erwartung, daß das erhebliche Sinken des Preises des Silbers eine vermehrte Anwendung dieses Metalls für Geräthe, Schmucksachen u. s. w. herbeiführen werde, bis zum Jahre 1884, also innerhalb eines Decenniums seit Eintritt des großen Preisrückganges, in Europa nicht erfüllt, weil massive Silberarbeiten in immer größerer Ausdehnung durch plattirte Artikel oder Silberimitationen ersetzt werden. Wiewohl dagegen in den Vereinigten Staaten eine beträchtliche Zunahme des Verbrauchs für solche Zwecke stattgefunden hat, so wird dadurch das Gesammtergebniß nicht in nennenswerther Weise beeinflußt. Der Jahresverbrauch wird nach wie vor auf etwa 500 000 Kilogramm geschätzt[1], was einem Werthe von etwa 75 Millionen Mark entspricht. Wie verhältnißmäßig unerheblich dieser Betrag ist, geht daraus hervor, daß die Abnutzung des umlaufenden Silbergeldes nach der niedrigsten Angabe auf 120 Millionen Mark jährlich geschätzt wird[2]. Auch hieraus geht hervor, daß der gesunkene Werth des Silbers lediglich durch die Einführung der Doppelwährung gehoben zu werden vermag.

Daß in den fünfziger Jahren einzig und allein durch den bimetallistischen Charakter der französischen Münzgesetzgebung den europäischen Geldmärkten größere Schwankungen erspart wurden, wird selbst von den entschiedensten Anhängern der Goldwährung zugegeben[3].

Der Umlauf minderwerthigen Silbers hat bereits bedenkliche Folgen gehabt. Kurze Zeit nachdem in Frankreich die Silberprägung für Private eingestellt und dadurch ein erheblicher Rückgang des Silberwerthes bewirkt worden war, kamen in Frankreich Fünffrankenstücke in Umlauf, welche in Californien aus echtem Silber geprägt wurden. Diese moderne Art der Falschmünzerei kam seitdem auch anderwärts in Schwung. Der erwähnte englische Parlamentsbericht über Edelmetalle äußert sich wiederholt über die Calamität von „false coining in good

---

[1] Soetbeer, Wirkungen der Silberentwerthung. Conrads Jahrbücher Bd. 8. Jena 1884 und Materialien, S. 38.

[2] Otto Arendt, Die vertragsmäßige Doppelwährung. Berlin 1880. I. S. 144.

[3] Vgl. Soetbeer, Probleme.

silver" und giebt der Befürchtung Ausdruck, daß in dem Maße, als dieses verbrecherische Gebahren gewinnbringender werde, seine Ausdehnung steigen müsse. Nach demselben Berichte erstreckt sich diese Falschmünzerei auch bereits auf England, wo sie bei dem Umstande, daß eine Unze Standard Silber für 66 Pence ausgeprägt wird, bei dem Marktpreise des Silbers von 42 Pence 37% Gewinn brachte[1]. (Die in dem Berichte enthaltene Ziffer von 57% ist offenbar ein Druckfehler.) In den letzten Wochen tauchte wieder die Nachricht auf, daß solche falsche Prägungen englischen Silbergeldes vorkommen.

Von vielen Seiten wird dem Übergange zur Goldwährung ein Rückgang der Waarenpreise beigemessen. Da aber dieser Übergang mit einer heftigen Krisis zusammenfiel, welche durch den empfindlichen Wettbewerb, den insbesondere das nordamerikanische Getreide den europäischen Landwirthen bereitete, verschärft wurde, so ist es überaus schwer, um nicht zu sagen unmöglich, den etwaigen Antheil der Währungsänderung an dem Sinken der Waarenpreise festzustellen.

Ein zweiter Haupteinwand, den die Verfechter der Goldwährung ins Feld führen, ist der, daß bei der Höhe unserer Cultur und der ihr entsprechenden Ausdehnung unseres Verkehrs das Gold allein das angemessene Tauschmittel sein könne; das Silber eigne sich nur für ärmere, in der Cultur zurückgebliebene Völker. Allein gerade der riesige Umfang des modernen Verkehrs macht es augenscheinlich, daß, ungeachtet des Giro- und Chequesystems und anderer neuer in dieses Gebiet gehöriger Einrichtungen[2], ein Aufwand an Edelmetallen erforderlich ist, dem eines von ihnen allein immer weniger genügt, eine Thatsache, welcher man sich selbst in Großbritannien, also dem einzigen Reiche, in welchem wirklich reine Goldwährung besteht, nicht zu verschließen vermag[3]. Es ist aber nicht bloß die ungenügende Menge jedes einzelnen der beiden Edelmetalle, es ist auch der Werthunterschied zwischen

---

[1] Final Report S. 149. 151.

[2] Eine erhebliche Verminderung des Edelmetallverbrauchs in den Culturstaaten durch weitere Entwicklung des Zahlungsausgleichungswesens ist nicht zu erwarten, da dieses in den Hauptverkehrsgebieten kaum mehr der Vervollkommnung fähig ist. Im Londoner Clearing House wurden im Jahre 1883 zusammen 5 929 154 000 Pfund Sterling und an einzelnen Tagen 80 586 000 Pfund Sterling Zahlungen ohne Anwendung auch nur Eines Sovereign oder Einer Banknote ausgeglichen. In 24 Clearing Houses in den Vereinigten Staaten betrugen die Umsätze im Jahre 1883 53 536 061 333 Dollars. (Soetbeer, Wirkungen der Silberentwerthung.)

[3] Vgl. Final Report S. 104.

ihnen, welcher beide fürs Verkehrsleben unentbehrlich macht. Ungeachtet der Höhe unserer Cultur können die Massen der Bevölkerung, welche doch auch ein unbestreitbares Recht haben, berücksichtigt zu werden, das Silber nicht missen. Neben dem aristokratischen Golde wird daher dem demokratischen Silber Raum gegönnt werden müssen. Und daß für die Bedürfnisse, denen dieses bisher diente, Scheidemünze keineswegs genügt, bezeugen die allenthalben bestehenden thatsächlichen Verhältnisse. Herr Hertzka meint, daß der Verkehr heute Goldgeld verlange, daß es nur so lange naturgemäß gewesen sei, das Silber als Werthmaßstab zu gebrauchen, als man für ein Huhn einen Geldbetrag zahlte, der, wenn er in Gold ausgeprägt worden wäre, nur mit Hülfe guter Mikroskope sichtbar gewesen sein würde[1]. Wir erlauben uns darauf zu bemerken, daß auch unser Zeitalter sich noch nicht in dem Maße zu einem goldenen emporgeschwungen hat, daß man zur Bezahlung eines Huhnes auch nur des allerkleinsten Goldstückes bedürfte. Wenn Herr Hertzka hervorhebt, daß die Zahlung größerer Beträge in Silbermünze überaus lästig sei, so übersieht er, daß eine zweiundvierzigjährige Gewöhnung an den ausschließlichen Gebrauch des Papiergeldes die Bewohner Österreich-Ungarns in dieser Beziehung weit empfindlicher machte, als es die der Länder mit geregelter Währung sind, denen nur die größten Silbermünzen, wie Fünffrankenstücke, unbequem werden. Bei der Doppelwährung entfällt ja übrigens die Nothwendigkeit, größere Beträge in Silber zu zahlen, von selbst. Und wie viele Personen werden überhaupt in die Nothwendigkeit versetzt, große Summen mit sich zu führen? Der Wahlspruch des Bias: Omnia mea mecum porto bleibt das Vorrecht der Reichen im Geiste und die Klage der Armen an Besitz. Im internationalen Verkehre verursacht die Beförderung von Silber keine größeren Kosten als die von Gold, weil bei Edelmetallen die Fracht nach dem Werthe bemessen wird. Wie wenig selbst das reiche England das Silber zu missen vermag, bezeugt die vor ganz Kurzem vom britischen Schatzkanzler, Herrn Goschen, durch einen seiner Beamten erlassene Erklärung, daß fortwährend Beschwerden an das Schatzamt gelangen, daß nicht genug Silbermünzen im Umlaufe seien. Die Provinzialbanken können nicht genug Silber von der Bank von England erhalten[2].

Endlich ist ja, wie Herr Hertzka einsieht, neben dem Golde und Silber die Banknote unvermeidlich. Auf dem Währungsgebiete scheint

---

[1] Hertzka, Währung und Handel, S. 253.
[2] Allgemeine Zeitung vom 21. December 1889.

er, beiläufig bemerkt, das Bequemlichkeitsmoment gar zu sehr zu überschätzen. Wenn er meint, daß ohne dieses die Banknote nicht existiren würde, so möge es uns gestattet sein, die Überzeugung auszusprechen, daß es vor Allem die durch die Banknote bewirkte ungeheure Ersparung an Zeitaufwand ist, welche sie dauernd zu einem unabweislichen Bedürfnisse der wirthschaftenden Menschheit macht.

Der Uebergang Deutschlands zur Goldwährung geschah unter Voraussetzungen, welche sich seither als unzutreffend erwiesen. Erstlich hatte man weder Kenntniß von dem bedeutenden Silbervorrathe in den Ländern der lateinischen Münzunion, noch von der Unzulänglichkeit der Goldproduction. Ferner dachte man nicht entfernt an eine so erhebliche Werthverringerung des Silbers wie sie später eintrat und zur Einstellung der weiteren Silberverkäufe nöthigte[1].

Seitdem haben sich die Stimmen für Einführung der internationalen Doppelwährung derart vermehrt, daß selbst Soetbeer bereits vor zehn Jahren diese nur aus dem Grunde als höchst unwahrscheinlich erachtete, weil Englands Beitritt, welcher zur Durchführung unerläßlich, aussichtslos sei. Nur für den Fall, daß der Silberpreis in nächster Zeit einen weitern beträchtlichen Rückgang erleiden sollte, sei zu erwarten, daß die englischen Regierungskreise die Frage in ernste Erwägung zu ziehen geneigt sein dürften[2]. Bekanntlich sind inzwischen die Silberpreise sehr bedeutend gesunken, und wie richtig Soetbeer für diesen Fall eine Wandlung der öffentlichen Meinung in England zu Gunsten der Doppelwährung vorhersah, bezeugt der erwähnte Parlamentsbericht. Es wird darin anerkannt, daß das bimetallistische System ein festes Werthverhältniß zwischen Gold und Silber, wenn auch nicht dauernd, doch für lange Zeitabschnitte bewahren, oder doch die Schwankungen in den beiderseitigen Werthen in so enge Grenzen bannen würde, daß solche praktisch wirkungslos werden würden. In Folge dessen wird der Überzeugung Ausdruck gegeben, daß der Verkehr manchen abnormen, ihn jetzt schädigenden Einflüssen nicht mehr unterworfen sein, insbesondere einem ferneren Rückgange der Preise und weiteren Vertragsstörungen vorgebeugt werden würde. Die Wiederaufnahme der Baarzahlungen in Österreich-Ungarn, Rußland und Chili müsse dadurch erleichtert werden. Der Credit würde dadurch eine erweiterte, die damit verbundenen Gefahren vermindernde Grundlage erhalten. Die Doppel-

---

[1] Vgl. Lexis, Kritische Erörterungen.
[2] Soetbeer, Probleme.

währung habe sich ja vor 1873 bewährt; dagegen könne der gegenwärtige Münzzustand kein Land des Erdballes befriedigen, da keines der beiden Edelmetalle allein für Währungszwecke genüge, so daß starke Veränderungen in den betreffenden Werthverhältnissen finanzielle und kaufmännische Erschütterungen herbeiführen müßten. Die gesonderte Verwendung beider Edelmetalle seit 1873 habe sich als überaus unbefriedigend erwiesen und dürfte sich in der Folge als noch unheilvoller herausstellen. Das Neue des Vorschlages der Commission bestehe, nach den vor 1873 gemachten Erfahrungen nur darin, daß das vereinigte Königreich sich mit anderen Ländern zur Doppelwährung vereinige. Den von der einen Gruppe der Berichterstatter vorgebrachten Einwänden, deren vornehmster der ist, daß die kaufmännische Stellung Englands durch die Doppelwährung gefährdet werden könnte, wird von anderen Gruppen widersprochen, welche diese Stellung als von dem Währungsmetalle unabhängig bezeichnen. Die verschiedenen Gruppen stimmen darin überein, daß es kein anderes so gründliches und praktisches Mittel zur Behebung der durch die Werthverminderung des Silbers herbeigeführten Übelstände gebe, als die Doppelwährung. Wie ernst es mit dieser den Mitgliedern der Commission ist, bezeugt die Erklärung, daß England nur als Theilnehmer (party) einer bimetallistischen Vereinigung seine Goldwährung aufgeben und durch eine bimetallistische ersetzen könnte. Dies ist selbstverständlich, da ganz natürlich die Doppelwährung nur dann denkbar ist, wenn die wichtigsten Staaten Europas und die Vereinigten Staaten sie annehmen. Ausdrücklich wird bemerkt, daß Indien in einen bimetallistischen Bund nicht aufzunehmen sei. Es wird ferner die Ansicht geäußert, daß das Werthverhältniß zwischen den beiden Edelmetallen dem gegenwärtigen marktgängigen Verhältnisse entsprechen müsse (eine Anschauung, welche von Otto Arendt, der für Wiederherstellung des Verhältnisses von $1:15^{1}/_{2}$, bekämpft wird). Dabei wird zugegeben, daß die öffentliche Meinung gegenwärtig noch nicht genügend vorbereitet für eine solche Neuerung sei, was mancherlei Befürchtungen erregen könnte[1].

Herr Hertzka glaubt, den Verlegenheiten, welche „durch jenen unpraktischen Doctrinarismus entstehen, der dem Abendlande neben dem Golde auch noch das Silber als Münzstoff aufnöthigen will" (das Abendland kannte also bisher Silbermünzen nicht!) dadurch abzu-

---

[1] Final Report S. 46—48. 129. 86. 102. 104. 126. 87. 103. 53. 84. 148—49. 84—85. 88.

helfen, daß dieses sich aufs Morgenland zurückziehe und dem Westen das Gold allein überlassen werde; viel näher liege die Besorgniß, daß das verfügbare Silber dem Bedarfe Ostasiens nicht genüge, als daß Mangel an Gold eintreten werde[1]. Herr Hertzka unterließ es aber, hinzuzufügen, welche Machtmittel dem Westen zu Gebote stehen, um diese Eintheilung durchzuführen, gegenüber der vorerwähnten leidenschaftlichen Goldliebe der Ostasiaten. Die Befürchtung, daß das vorhandene Silber für die Bedürfnisse des Verkehres nicht mehr hinreichen dürfte, kann gerade nur durch dessen Demonetisirung genährt werden, in deren Folge die Silberproduction im Jahre 1886 in Californien von 2 500 000 Dollars auf 1 400 000 Dollars und in Nevada von 6 auf 5 Millionen Dollars zurückging. Der durch die Demonetisirung herbeigeführte niedrige Silberpreis übt einen hemmenden Einfluß auf den Bergbau Nevada's, indem nicht nur häufig die nur geringhaltiges Erz fördernden Gruben zur Einstellung ihres Betriebes gezwungen wurden, sondern sogar einige Eigenthümer von Gruben mit hochhaltigen Erzen es bei dem gesunkenen Preise vorzogen, die Förderung aufzugeben[2]. Eine Ausdehnung der Production könnte also nur durch eine Erhöhung des Silberpreises herbeigeführt werden, und diese vermöchte lediglich die Annahme der internationalen Doppelwährung zu bewirken.

Die Thatsache, daß innerhalb des so kurzen Zeitraums von zwei Decennien die Anschauungen über die Eignung der beiden Edelmetalle zu Währungszwecken ins Gegentheil umschlugen, bezeugt, wie unzuverlässig diese Anschauungen sind, wie sehr man sich in dieser hochwichtigen Angelegenheit von dem rein Zufälligen, von den Impulsen des Augenblickes leiten ließ.

Es giebt wenig wirthschaftliche Gebiete, auf denen die Solidarität der Culturstaaten so klar und entschieden ist, als bei der Doppelwährung. Britannien, der einzige Staat mit reiner Goldwährung, hat ein Interesse daran, vornehmlich wegen seiner Beziehungen zu Indien, Deutschland wegen seines verhältnißmäßig großen Besitzes an Silber, sowie wegen seines Bergbaues, Frankreich und die anderen Länder der lateinischen Münzunion, Holland und Spanien haben es wegen ihres noch größeren Silbervorrathes, Österreich-Ungarn und Rußland wegen ihrer auf Silber gegründeten Papierwährung, die Vereinigten Staaten, Mexico und Südamerika wegen ihrer starken Silberproduction, Ostasien wegen seiner Silberwährung. Sollte es also nicht möglich sein, in einer Angelegen-

---

[1] Das Wesen des Geldes. S. 102—3.
[2] Lexis in Conrads Jahrbüchern, Bd. 17 N. F. Jena 1888.

heit, in welcher die Interessen der wichtigsten Völker des Erdballes die gleichen sind, eine Übereinstimmung herbeizuführen?

Fassen wir das Gesagte zusammen, so gelangen wir zu dem Ergebnisse, daß die allgemeine Goldwährung undurchführbar erscheint:

1. wegen der Unzulänglichkeit eines jeden der beiden Edelmetalle (neben bloßer Scheidemünze) für die Bedürfnisse des Verkehrs;
2. wegen des Unvermögens einer großen Anzahl der wichtigsten Staaten, sich ihres Silbers zu entledigen, und der Unhaltbarkeit des gegenwärtigen Zustandes der nominellen Goldwährung;
3. wegen des aus der Demonetisation des Silbers allenthalben sich ergebenden großen Verlustes, der für den Fall der Fortdauer der gegenwärtigen Münzzustände voraussichtlich noch größere Verhältnisse annehmen würde;
4. wegen der Unstetigkeit der Goldgewinnung gegenüber der Stetigkeit der Silbergewinnung und der, für den Fall der Nichtzunahme oder gar der Abnahme der Goldproduction bei steigendem Goldbedarfe nothwendig entstehenden, leicht zu Katastrophen sich verschärfenden Störungen des Verkehrs;
5. wegen der wachsenden Gefahr der durch den gegenwärtigen Zustand begünstigten Falschmünzerei.

Alle die hieraus erwachsenden Schwierigkeiten würden durch die Doppelwährung beseitigt werden. Die hier nicht näher zu erörternden Bedingungen, unter denen diese einzuführen wäre, worunter etwa periodische Revision des Werthverhältnisses beider Metalle, würden einzelne Härten des Systems zu mildern vermögen.

4.

Die von uns dargestellten nachtheiligen Folgen einer minderwerthigen Währung lassen es erklärlich erscheinen, daß das Verlangen nach Wiederherstellung der Valuta in Österreich-Ungarn immer lauter ertönt; doch geht schon aus den bisherigen Darlegungen hervor, daß der Verwirklichung dieser Forderung ernstliche Schwierigkeiten entgegentreten, Schwierigkeiten, welche unseres Erachtens von den meisten Männern, welche eine Lösung der Frage empfahlen, deshalb in ihrem vollen Umfange nicht gewürdigt werden konnten, weil sie solche isolirt, ohne Zusammenhang mit den Währungsverhältnissen anderer Culturstaaten, betrachteten. Die Doppelwährung ist, wie bereits erwähnt, nur in Übereinstimmung mit den meisten übrigen Culturstaaten denkbar, und Österreich-Ungarn müßte mit aller Kraft ihre Durchführung erstreben. Daß es dadurch nicht bloß die eigenen Interessen fördern würde, haben wir nachzuweisen versucht. Die wünschenswertheste Lösung wäre nun die, daß alle maßgebenden Staaten die Doppelwährung annähmen, und nach unseren Auseinandersetzungen erscheint die Erreichung dieses Zieles keineswegs als aussichtslos. Sollten aber die hierauf bezüglichen Bemühungen scheitern, so würde Österreich-Ungarn vor die Alternative der definitiven Annahme der Silberwährung und des Übergangs zur Goldwährung gestellt werden. Die erstere Lösungsart kann nicht empfohlen werden, weil, angesichts der Demonetisirung des Silbers in vielen europäischen Staaten, dieses nur einen überaus schwankenden Werthmesser darbietet. Ein ausgezeichneter Kenner russischer Zustände[1] empfiehlt Rußland die Herstellung seiner Währung auf Grundlage des Silberrubels vornehmlich deshalb, weil eine künftige Steigerung des

---

[1] H. Dietzel, Papierrubel oder Silberrubel? Baltische Monatsschrift, Bd. 36, 4. Heft. Reval 1889. S. 324—325.

Goldwerthes und ein weiteres Sinken des Silberwerthes wahrscheinlich sei, wodurch bei der Rückkehr zur Silberwährung den Interessen der productiven Classen gedient werden würde. Namentlich der Getreideexport, die Colonisation Sibiriens, der Handel mit den asiatischen Grenzländern müßten durch die Silberwährung mehr als durch die Goldwährung gefördert werden. Wenn wir auch den betreffenden Ausführungen nicht in allen Punkten beizupflichten vermögen, so müssen wir doch zugeben, daß der Verkehr Rußlands so sehr nach Asien gravitirt, daß die Silberwährung allerdings für das nordische Reich geeignet sein könnte. Ganz anders jedoch sind die Verhältnisse in Österreich-Ungarn, welches bei der Lebhaftigkeit seiner Verkehrsbeziehungen zum Westen im Währungswesen von diesem abhängiger ist.

Es bleibt somit die Goldwährung allein in Betracht zu ziehen. Wir dürfen uns nun nicht verhehlen, daß die Ursachen, welche ihre Durchführung in den übrigen Staaten zu einer so überaus schwierigen machen, hier in verstärktem Maße gelten, zumal die moderne Ausbildung der Technik der Zahlungsausgleichungen Österreich-Ungarn leider sehr wenig zu Statten kommt, wo das Cheque- und Giro-System sich nicht recht einbürgern will. Nur wenn wir uns in dieser Beziehung keiner Täuschung überlassen, vermögen wir den mit dem Übergange zur Goldwährung verbundenen Gefahren zu begegnen.

Die Schwierigkeiten der Goldbeschaffung stellt Herr Hertzka in Abrede. „Denn ein geldsuchender Staat wendet sich mit seinem Valutaanlehen nicht an die Regierungen von Deutschland und Frankreich, die allerdings weit lieber Silber als Gold hergeben würden, und auch nicht an die Notenbanken von Paris oder Berlin, die ihren Goldvorrath mit Argusaugen hüten, sondern an das europäische Publicum, die europäische Finanzwelt, und bei diesen ist Silber überhaupt gar nicht, sondern ausschließlich Gold zu finden, eine Thatsache, die, wenn auch nicht den Theoretikern, so doch den Praktikern bekannt sein sollte"[1]. Dies ist ein Irrthum. Wenn sich auch Österreich-Ungarn mit seinen künftigen Anlehen weder an die Regierungen noch an die Notenbanken von Deutschland und Frankreich wenden wird, so muß doch bei den geschilderten Währungsverhältnissen der Einfluß der Regierungen und der Banken der leihenden Staaten auf die betreffende Operation als mitthätig erkannt werden. Die deutsche Reichsbank löst jetzt ihre Noten

---

[1] Das Wesen des Geldes S. 110—111.

in Gold ein; sie ist aber, so lange die Silberthaler circuliren, hierzu nicht verpflichtet[1]. Der erwähnte englische Parlamentsbericht hebt hervor, daß die Continentalbanken die Goldeinfuhr erleichtern, der Ausfuhr jedoch Hindernisse in den Weg legen. So z. B. sei es bemerkt worden, daß die deutsche Reichsbank zuweilen Gold dadurch heranziehe, daß sie bei Vorschüssen auf kurze Zeit außergewöhnlich günstige Bedingungen gegen die Verpflichtung gewähre, daß Gold zum Behufe der Bezahlung solcher Vorschüsse eingeführt werde. Dagegen übe sie einen Druck auf Banquiers und andere Kaufleute aus, um die Ausfuhr von Gold zu verhindern[2]. Offener liegen die Dinge in dem noch immer goldbedürftigen Frankreich. Im Jahre 1881 erzählte Lexis[3], daß die Bank den Discontosatz von $2^{1}/_{2} \%$ nicht erhöhte, dagegen aber anfing, ihre Noten mit abgenutzten Goldstücken, namentlich Zehnfrankenstücken, einzulösen; mit solchen und anderen ähnlichen kleinen Mitteln habe sie es versucht, dem Goldabflusse entgegenzuwirken; die Folge sei eine Goldprämie von $6-7 \%_{00}$ gewesen. Eine solche Prämie bestand noch vor Kurzem; zuletzt betrug sie etwa $1 \%_{00}$. Wie die deutschen Banquiers sich scheuen, größere Goldsummen der Reichsbank zu entnehmen, weil dies sehr ungern gesehen wird, ebenso vermeiden es die französischen, die Banque de France in solcher Weise in Anspruch zu nehmen. Und wie ängstlich die Bank von England ihren Goldbestand hütet, daran wurde man erst in der letzten Zeit wieder durch die plötzliche Erhöhung ihres Discontosatzes gemahnt. Herr Hertzka bemerkt, daß der Goldbedarf Österreich-Ungarns einen nur sehr kleinen Theil des in Europa vorräthigen Goldes ausmache. Das ist ganz richtig, allein auch die Heranziehung dieses kleinen Theiles ist unter den obwaltenden Verhältnissen keine gar so leichte Sache.

Und haben wir einmal das Gold herbeigeschafft, dann beginnt die Mühe, es zu halten. Wenn die österreichisch-ungarische Bank ihre Baarzahlungen auf Grund der Goldwährung wieder aufnehmen sollte, so versteht es sich von selbst, daß sie alle zur Einlösung an sie gelangenden Noten alsbald ohne jede Einschränkung bezahlen müßte, um kein Mißtrauen aufkommen zu lassen. Dabei würde es schwer halten, den Discontosatz verhältnißmäßig hoch zu stellen, weil gerade zu einer Zeit, in welcher die Anforderungen an die Steuerkraft der Bevölkerung infolge großer Anleihen gesteigert werden, dem Verkehre am aller-

---

[1] Arendt a. a. O. II, 17.
[2] Final Report S. 13.
[3] Kritische Erörterungen.

wenigsten Fesseln angelegt werden dürfen. Da die Erhaltung des Goldes, bezw. der Nichtabfluß desselben nach auswärts, eine Lebensfrage für die Bank sein müßte, so würde sie ähnliche Maßregeln wie die deutsche Reichsbank ergreifen und eine ihr ähnliche Haltung annehmen müssen, um es zu verhindern, daß ihr Goldvorrath zu sehr in Anspruch genommen werde. Nur auf solche Weise kann das große so wünschenswerthe Werk der Wiederherstellung der Valuta gelingen.

Beim Übergange zur Goldwährung wird die merkwürdige Thatsache Verlegenheiten bereiten, daß seit mehr als zehn Jahren der österreichische Gulden im internationalen Verkehre einen beträchtlich höheren als den seinem Silbergehalte entsprechenden Tauschwerth hat, so daß man in Österreich-Ungarn, einem der goldärmsten Staaten, Gold, bezw. Wechsel auf Goldländer, billiger kaufen kann, als in irgend einem anderen Lande des Erdballes. Alle Versuche, welche bisher zur Erklärung dieser Anomalie angestellt wurden, entbehren der Überzeugungskraft. Soetbeer bezeichnet diese Erscheinung als eine natürliche Folge der von uns bereits erwähnten, von der österreichisch-ungarischen Regierung verfügten Einstellung der Silbercourant-Ausmünzungen für Rechnung von Privaten[1]. Wir vermögen nicht diese Auffassung zu theilen. Durch die verhängnißvolle Aufhebung der Silberprägungen für Private ist die Steigerung der schon vorher eingetretenen künstlichen Wertherhöhung des österreichischen Guldens im auswärtigen Verkehre möglich geworden. Die Erkenntniß der Möglichkeit einer Erscheinung allein erklärt diese jedoch in keiner Weise. Alle Welt weiß, daß Erkrankungen möglich sind; dessenungeachtet bedarf es der Diagnose, um durch Erforschung der Symptome Natur und Ursache der einzelnen Krankheit zu erkennen und zu erklären. Die Erscheinung, welche uns beschäftigt, ist nicht nur nicht natürlich, sie ist vielmehr so unnatürlich, so unerhört, daß wir vergeblich eine Parallele in der Geschichte des Währungswesens suchen. Karl Menger[2] verwirft mit Recht den Versuch, die in Rede stehende Anomalie auf die Schwankungen der internationalen Bilanz zurückzuführen, da es sich um eine viel zu bedeutende Differenz handelt, als daß sie auf diese Weise erklärt werden könnte; seine eigene Erklärung aber durch Hinweis auf das Bedürfniß einer Vermehrung der umlaufenden Tauschmittel infolge der gesunkenen Tauschkraft des Silbers, vermag nicht uns zu

---

[1] „Neue freie Presse" vom 23. October 1889.
[2] „Neue freie Presse" vom 12. December 1889.

überzeugen. Denn diese sowie die (anscheinend von Soetbeer gehegte) Annahme, daß die umlaufenden Tauschmittel seit der Einstellung der Silberprägungen für Private unverändert blieben und daher allmählich den Verkehrsbedürfnissen nicht genügten, wird vollständig widerlegt durch die Betrachtung des Banknotenumlaufes seit dem Erlasse der erwähnten Verfügung. Dieser betrug:

Ende 1878: 288 799 000 fl.
„ 1879: 316 759 400 „
„ 1880: 328 622 890 „
„ 1881: 354 207 560 „
„ 1882: 368 633 710 „
„ 1883: 380 457 420 „
„ 1884: 375 725 030 „
„ 1885: 363 603 020 „
„ 1886: 371 687 410 „
„ 1887: 391 138 520 „
„ 1888: 425 673 720 „
„ 1889: 434 678 600 „

wobei noch hervorzuheben ist, daß der Banknotenumlauf fortwährend beträchtlich unter dem gesetzlichen Maximum zurückbleibt. Dieses stellte sich z. B. am 23. December 1889 auf 611,48 Millionen Gulden, während nur 415,25 Millionen Gulden circulirten, so daß auch noch für den Fall einer fortschreitenden Verkehrs=Expansion vorgesorgt ist. Der Staatsnoten=Umlauf, der hier auch in Berücksichtigung zu ziehen ist, unterliegt weit geringeren Veränderungen. Der Metallschatz der Bank ist in der eben erwähnten Epoche natürlich vermehrt worden; er belief sich zuzüglich der Goldwechsel am 31. December 1878 auf 165 409 942 Gulden und am 31. December 1889 auf 241 445 468 Gulden. Wäre die Unzulänglichkeit der vorhandenen Tauschmittel die Ursache der Überwerthung des österreichischen Guldens, dann hätte auch ein allgemeines Sinken der Waaren=Preise die nothwendige Folge sein müssen, welches aber nicht eingetreten ist.

Es zeigt sich hier wieder einmal, wie schwer ergründlich die Werth= bildung ist, welche Rolle bei ihr selbst da, wo sie von selbst gegeben zu sein scheint, das Unberechenbare, das sich vervielfältigende subjective Moment spielt. Und dieses Unberechenbare hellt sich in unserem Falle vielleicht durch die Thatsache auf, daß die Massen nicht rechnen und auf diesem nicht Jedermann zugänglichen Gebiete auch nicht zu rechnen verstehen. Denn während bei allen anderen Werthbestimmungen zahl=

lose Verschiedenheiten der individuellen Anschauungen sich combiniren, ergiebt sich der Währungswerth, da wo er nicht etwa durch das in seinen Wirkungen unberechenbare Mißtrauen gegen Papiergeld beeinflußt wird, (und in dem vorliegenden Falle findet offenbar das Gegentheil statt) durch reine Rechnung, wobei der Wechsel von Angebot und Nachfrage leichte Schwingungen, aber nicht Differenzen von dem Umfange, in welchem sie bei der österreichisch-ungarischen Währung vorkommen, hervorzubringen vermag. Denen, welche diese Anomalie ausschließlich durch die Prägungseinstellung zu erklären versuchen, müssen wir die bereits angedeutete Thatsache entgegenhalten, daß schon vor dem März 1879, als noch die Prägung freigegeben war, unsere Valuta so überwerthet zu werden anfing, daß man mit einem Gewinne von 5—7% Silber von auswärts beziehen konnte. Um dem dadurch herbeigeführten Silberzufluß Einhalt zu thun, ward eben die erwähnte Regierungsmaßregel getroffen, durch welche die Überwerthung also nicht erst hervorgerufen wurde.

Höchst merkwürdig ist ferner die Erscheinung, daß die Tauschkraft des österreichischen Guldens im internationalen Verkehre steigt, oder mit anderen Worten, daß die Wechselcourse sinken, so oft die Rede davon ist, daß die maßgebenden Kreise die Wiederherstellung der Valuta ernstlich in Erwägung ziehen. Jeder denkende Mensch begreift, daß die Aussicht auf Übergang der schwankenden, im internationalen Verkehre stark überwertheten Papier- zur festen Goldwährung an und für sich kein vernünftiger Grund zu einer noch gesteigerten Überwerthung jener Valuta ist[1]. Einen ursachlichen Zusammenhang beider Erscheinungen vermöchte man nur dann zu erblicken, wenn man das künftige Werthverhältniß der beiden Währungen ins Auge faßte. Herr Hertzka äußerte sich hierüber, wie folgt: „... Da es hauptsächlich darauf ankommt, daß diese Werthrelation möglichst dem Marktverhältnisse im Momente der Durchführung des Währungswechsels entspreche, so dürfte es gut sein, wenn der Durchschnitt einer dem Momente der factischen Goldzahlungen möglichst naheliegenden Periode der Rechnung zu Grunde gelegt wird, unbekümmert darum, wie die Relation in der Vergangenheit war und wie sie in der Zukunft sein wird. Beides ist für die Rechtscontinuität der Contracte irrelevant (?)"[2].

Dies geschah im Jahre 1876, also zu einer Zeit, wo die Überwerthung unserer Valuta im internationalen Verkehre noch nicht ein-

---

[1] Die Effectenkäufe des Auslandes bieten keine genügende Erklärung.
[2] Währung und Handel S. 400.

getreten war. Wir wissen nicht, wie Herr Hertzka gegenwärtig über diesen Punkt denkt; seine Adepten aber halten daran fest, daß der zur Zeit des Überganges zur Goldwährung geltende Wechselcours die Grundlage des betreffenden Werthverhältnisses bilden müsse. Wir befürchten nun nicht, daß Regierung und Volksvertretung zu einer so schreienden Ungerechtigkeit die Hand bieten könnten, wodurch der Staat und die Hypotheken- und anderen Schuldner auf Kosten der großen Geldmächte verkürzt werden würden. Wenn z. B. der gegenwärtige Wechselcours zur Grundlage des künftigen Werthverhältnisses dienen sollte, so würde diesen großen Besitzern etwa 15% an ihrem gesammten in österreichischer Währung bestehenden Vermögen über Gebühr zufallen, während der Staat und die anderen Schuldner in österreichischer Währung eine Einbuße in demselben Verhältnisse erleiden würden, weshalb ein solches Ansinnen nicht nachdrücklich genug bekämpft werden könnte. Das Unrecht, welches man auf diese Weise beginge, würde dadurch verschärft werden, daß die großen Finanzmänner die Macht haben, dem Zufalle zu Hülfe zu kommen und zur Zeit der Festsetzung des Werthverhältnisses zwischen der alten und der neuen Währung ein noch ausgiebigeres Sinken der Wechselcourse herbeizuführen[1]. Dr. Carl Bunzl, offenbar von der Absicht geleitet, die auf diesem Gebiete widerstreitenden Interessen mit einander zu versöhnen, schlägt zur Grundlage des betreffenden Werthverhältnisses den Durchschnittscours seit 1879 vor[2]. Dies kann aber unseres Erachtens nicht genügen, weil diese Epoche eben die ist, innerhalb welcher die österreichische Währung so sehr überwerthet wurde. Der Staat und die österreichisch-ungarische Bank sind nicht mehr und nicht weniger schuldig, als ihre Gläubiger auf Grund des inneren Werthes eines Guldens Silber ohne Rücksicht auf dessen Geltung im internationalen Verkehre, zu befriedigen, was für Jedermann klar sein würde, wenn man anstatt zur Gold- zur Silberwährung überginge. Es läßt sich aber allerdings nicht verkennen, daß in so wichtigen Fragen, mit deren Lösung das Wohl großer Bevölkerungskreise verknüpft ist, deren Interessen nicht immer in vollen Einklang mit einander zu bringen sind, kein Theil allzu starr auf seinem Rechte beharren darf, daß ein

---

[1] Die Werthrelation der künftigen Münzreform. „Neue freie Presse" vom 29. November 1889.

[2] Eine solche Maßregel würde auch den Beamten zu Statten kommen. So lebhaft wir nun diesen, und namentlich den untergeordneten unter ihnen, eine Besserung ihres Looses wünschen, so vermögen wir doch nicht einer aus einer Ungerechtigkeit entspringenden Erhöhung ihrer Bezüge das Wort zu reden.

Compromiß zu Stande kommen muß. Die Gerechtigkeit würde aber nach unserer Ansicht erfordern, daß man bei der Feststellung eines das Compromiß ausdrückenden Durchschnittscourses weiter zurückgreife, als Herr Bunzl vorschlägt. Nur dann, wenn allen berechtigten Ansprüchen nach Möglichkeit Rechnung getragen wird, kann die allgemein so sehr ersehnte Wiederherstellung der Valuta in gedeihlicher Weise erfolgen.

Printed by Libri Plureos GmbH
in Hamburg, Germany